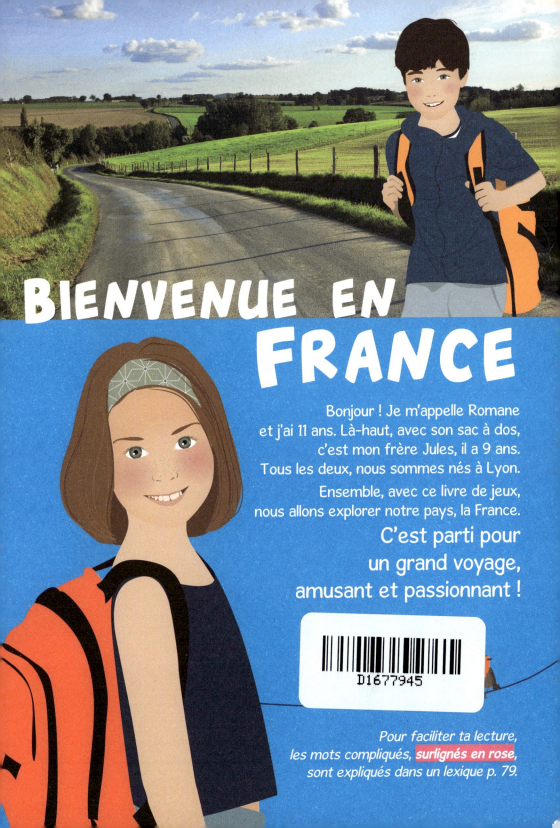

Voici la **CARTE ADMINISTRATIVE** des régions de la France métropolitaine*. **Depuis le 1ᵉʳ janvier 2016, on compte 13 régions.** Auparavant, elles étaient au nombre de 22. Certaines n'ont pas changé (la Bretagne, les Pays de la Loire...), d'autres ont fusionné (l'Auvergne et le Rhône-Alpes ou la Bourgogne et la Franche-Comté, par exemple).

* La partie de la France située en Europe.

À ces 13 régions métropolitaines s'ajoutent les cinq régions d'outre-mer que tu peux voir sur cette carte du monde.

Souvenir de rando dans les Alpes

Les jardins de Monet à Giverny

VOYAGE EN FRANCE

La France est le pays le plus visité au monde.
Plus de 80 millions d'étrangers y viennent chaque année.
Il y a tellement de choses à voir, à faire, à savourer.
Alors, on va te parler de tout ce qui nous a passionnés, amusés, étonnés.
Région par région, ce livre t'emmène à la mer, au sommet de nos
montagnes et au cœur de nos villes. Sur la route, nous allons aussi
croiser de grands personnages. Et on prendra le temps de s'arrêter
pour déguster nos spécialités.

SOMMAIRE

- AUVERGNE-RHÔNE-ALPES .... p. 7
- PROVENCE-ALPES-CÔTE D'AZUR ..... p. 13
- OCCITANIE .... p. 21
- NOUVELLE-AQUITAINE .... p. 28
- PAYS DE LA LOIRE .... p. 39
- BRETAGNE .... p. 43
- NORMANDIE .... p. 48
- CENTRE-VAL DE LOIRE .... p. 53
- ÎLE-DE-FRANCE .... p. 58
- HAUTS-DE-FRANCE .... p. 64
- GRAND EST .... p. 69
- BOURGOGNE-FRANCHE-COMTÉ ..... p. 73
- CORSE .... p. 76

PRÊT POUR LA BALADE ?

PARFAIT. AVANT DE DÉMARRER, VOICI UN PETIT QUIZ POUR BIEN SE METTRE EN JAMBES.

QUI A CHOISI PARIS COMME CAPITALE DE LA FRANCE ?

☐ Charles de Gaulle
☒ Clovis
☐ Louis XIV

Le drapeau français tricolore remonte à la Révolution française. **LE ROUGE ET LE BLEU SONT LES COULEURS DE LA VILLE DE PARIS, ET LE BLANC EST LA COULEUR...**

☒ des rois
☐ de la neige des montagnes
☐ du peuple

L'EMBLÈME DE LA FRANCE EST :

☒ un coq ☐ une poule ☐ un lion

À QUI DOIT-ON NOTRE HYMNE NATIONAL, LA MARSEILLAISE ?

rouge de l'isle

VUE DE L'ÉTRANGER, LA FRANCE EST CONSIDÉRÉE COMME LE PAYS...

☐ de la gastronomie
☐ des droits de l'Homme
☐ de l'amour
☐ de la mode

SAURAS-TU ASSEMBLER CORRECTEMENT LES NOMS DE CES PERSONNALITÉS FRANÇAISES ?

Édith — Renoir
Coco — Hugo
Victor — Depardieu
Gérard — Piaf
Auguste — de Gaulle
Charles — Chanel

Réponses : 1 Le roi Clovis en 486. – 2 Le blanc est la couleur des rois. – 3 L'emblème de la France est un coq. – 4 Rouget de Lisle – 5 Les 4 réponses sont bonnes. – 6 Édith Piaf / Coco Chanel / Victor Hugo / Gérard Depardieu / Auguste Renoir / Charles de Gaulle

Capitale régionale :
LYON

AUVERGNE-RHÔNE-ALPES

Depuis qu'Auvergne et Rhône-Alpes ont été réunis, notre région est l'une des plus grandes de France ! Il va te falloir de bonnes chaussures, d'autant que la montagne est très présente. Avec l'Auvergne et surtout les Alpes, les paysages sont vertigineux. Quant aux lacs, ils sont d'une beauté ! Et le Rhône ? C'est le fleuve qui traverse Lyon, la capitale de la région.

Une marmotte dans les Alpes

Le lac d'Annecy

Les traboules du Vieux Lyon. Ces passages intérieurs, qui datent de la Renaissance, permettent de passer d'une rue à l'autre en traversant un ou plusieurs immeubles. Des raccourcis en fait.

AUVERGNE-RHÔNE-ALPES

LYON

Bienvenue dans notre ville. Une des plus belles de France !
Préfecture du Rhône, **Lyon est aussi connue comme ancienne capitale de la Gaule. On l'appelait alors** *Lugdunum*. L'imprimerie, la soie ont également fait la renommée de cette passionnante cité. Et ce n'est pas tout...

Le cinématographe Lumière: projection.

MERCI POUR L'INVENTION

En 1895, deux frères lyonnais, **Auguste et Louis Lumière**, ont une idée de génie. Ils mettent au point une machine capable d'enregistrer le mouvement, c'est-à-dire filmer. C'est **le cinématographe**.
En plus, ce fabuleux appareil peut aussi projeter ces images animées sur grand écran. Bref, tu l'as compris, c'est à Lyon que l'on a inventé le cinéma.

Si tu viens par ici, fais un détour par **l'Institut Lumière.** Dans la belle demeure familiale, tu apprendras tout sur les trouvailles des deux frères.

LA FÊTE DES LUMIÈRES

Une bonne date pour visiter Lyon ? Certainement autour du 8 décembre. Chaque année, pendant quatre nuits, façades, monuments et jardins sont mis en lumière de façon éblouissante. On en prend plein les yeux. Lyon mérite bien son surnom de Ville Lumière.

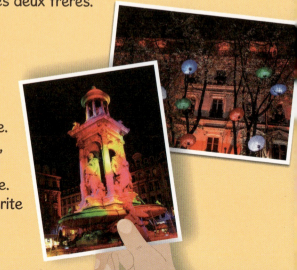

Bouchon Lyonnais

BON APPÉTIT !

À Lyon, on aime bien manger. Mais vraiment. Et cela ne date pas d'hier. Si bien que l'on peut aussi qualifier la ville de capitale de la gastronomie.

Si tu te rends dans un *bouchon*, le restaurant typique de la ville, il vaut mieux avoir faim. On y mange des spécialités très copieuses. Et tu le verras, bouchon rime souvent avec cochon !

Foies de volaille
Fromage de tête
Grattons
Rosette, Jésus de Lyon
Saucisson brioché
Gras double
Tablier de sapeur
Cardons à la mœlle
Quenelles Nantua
~
Cervelle de canut
~
Bugnes, Coussins

JEU

Drôle de nom pour un plat !
Quatre spécialités lyonnaises se cachent dans cette illustration. Sauras-tu les retrouver sur le menu ?

AUVERGNE-RHÔNE-ALPES

LES GÉANTS D'AUVERGNE

Les plus récents, ceux de la chaîne des Puys, se sont formés 100 000 ans avant notre ère et ils **crachaient encore de la lave il y a 7 000 ans.**
Ils ? Les volcans d'Auvergne. On en compte environ 200 et ils constituent **le plus grand parc volcanique d'Europe.**
S'ils sont aujourd'hui endormis, leur réveil n'est pas impossible.
Mais, rassure-toi, ce n'est pas pour tout de suite.

La Terre c'est :

la croûte terrestre
le manteau
le noyau

La croûte est composée d'immenses plaques qui se déplacent lentement grâce au mouvement des roches du manteau.
Parfois, ces plaques s'écartent ou se chevauchent, **c'est la tectonique des plaques.**

Tout a commencé **il y a 60 millions d'années** lorsque la plaque eurasiatique a rencontré la plaque africaine puis a glissé dessous (ce qui a entraîné la formation des Alpes). La plaque eurasiatique s'est ensuite étirée, amincie et fissurée. Des failles sont ainsi apparues au niveau du Massif central (en Auvergne).

Auvergne — Alpes
Plaque eurasiatique — Plaque africaine
Magma

Devenue moins épaisse, la croûte terrestre a exercé moins de pression sur le manteau. De ce fait, les roches du manteau ont fondu par endroits et ont donné du magma. Celui-ci est remonté à la surface par les failles de la plaque. **C'est ce magma qui a formé les premiers volcans d'Auvergne.**

AUVERGNE-RHÔNE-ALPES

UNE PAGE DE FROMAGE ?

Cantal, Saint-Nectaire, Fourme d'Ambert, Bleu d'Auvergne, Salers. Ces noms te disent quelque chose ? Évidemment. **Ces fromages sont les vedettes de l'Auvergne**. Ils bénéficient d'ailleurs d'une AOP (appellation d'origine protégée). C'est un signe rare qui garantit l'originalité et la qualité d'un produit. Il faut dire que, dans cette région montagneuse, **les vaches profitent de l'herbe savoureuse des jolies prairies**.

Un peu plus à l'est, dans les paysages des Alpes, les vaches mais aussi les chèvres se plaisent très bien. En Savoie par exemple, la nature sauvage et abrupte de cette région donne un lait bien particulier.

JEU — *Lait de vache ou de chèvre ? Fais tes paris avant de vérifier la réponse en suivant le fil rouge. Et reconnaîtras-tu le fromage de Salers ?*

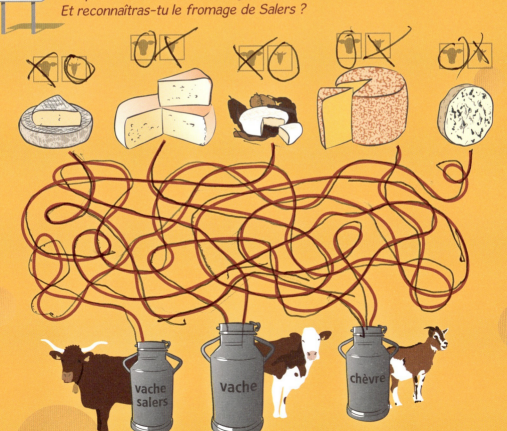

AUVERGNE-RHÔNE-ALPES

LE MONT BLANC

Attention, sensations !

Le mont Blanc est le sommet le plus haut de France, mais aussi d'Europe. Il domine fièrement les Alpes, cette chaîne de montagnes qui s'est formée il y a 60 millions d'années *(voir page 10)*.

Chaque année, des milliers d'alpinistes tentent son ascension.

Et puis, bien sûr, on ne compte plus les vacanciers qui skient sur ce grand massif blanc.

À propos, sais-tu que, venu de Norvège, ce sport se pratique dans les Alpes depuis les années 1880 ?

Suis la trajectoire des skieurs et reporte sur le podium les numéros des vainqueurs. Tu découvriras ainsi la hauteur du sommet du mont Blanc.

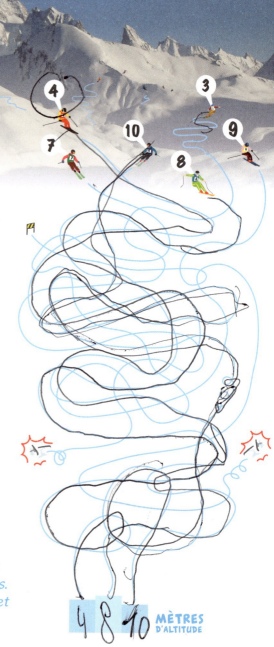

4 8 10 MÈTRES D'ALTITUDE

Capitale régionale : **MARSEILLE**

PROVENCE-ALPES-CÔTE D'AZUR

Place au soleil ! Ici, il fait souvent très beau. C'est grâce au mistral, le "maître des vents". Venu du nord, il chasse les nuages. Du coup, la lumière est exceptionnelle dans la région. Et les couleurs ne manquent pas non plus : le bleu de la mer Méditerranée, le violet des champs de lavande, le vert des oliviers, le rouge de la terre ou des façades des maisons...

Arles, la petite "Rome"

La plage Notre-Dame à Porquerolles

Dans le Luberon, le paysage s'habille de couleurs étonnantes : jaune, orange, et même rouge éclatant. Ce sont les ocres (un mélange d'argile et d'une substance colorée naturelle) qui lui donnent cette jolie teinte.

Ça sent les vacances ou je me trompe ?

PROVENCE-ALPES-CÔTE D'AZUR

Provence, Alpes, Côte d'Azur. Collines, montagnes et mer. Joli programme. Ce n'est pas très loin de chez nous et pourtant, dans cette région, on change vraiment d'ambiance et d'odeurs.

ÇA SENT BON LE SUD !

LA LAVANDE

Dans le Vaucluse et la Haute-Provence, cette plante aux fleurs violettes s'étend à perte de vue. Un vrai bonheur pour les yeux et... pour les narines. Car **la lavande dégage une délicieuse senteur.** La plus chic de toutes (et aussi la plus chère), la lavande fine, est d'ailleurs utilisée pour la parfumerie.

THYM, LAURIER, ROMARIN...

La végétation des collines de Provence porte le nom de **garrigue**. Elle se compose de gros buissons, d'arbustes, et surtout de plantes aromatiques qui donnent envie de cuisiner. Ces multiples herbes aux délicieux parfums mettent du soleil dans les plats et les sauces.

JEU

Le plus fameux "parfum" du Sud ne pousse pas dans les jardins... Pour le découvrir, raye les mots écrits dans la vapeur, et reporte les lettres restantes dans les cases.

L'OLIVE : LA REINE DE LA PROVENCE

Comme partout autour de la Méditerranée, les oliviers se sentent bien en Provence. Tellement bien qu'ils peuvent vivre des centaines d'années. Le climat chaud et sec de la région est idéal pour le fruit de ces arbres, l'olive. **Vertes en septembre, noires en décembre,** les olives, une fois broyées et pressées, permettront de fabriquer la délicieuse huile d'olive.

UN PARFUM DE GRASSE

Avec son climat doux et ensoleillé, la ville de Grasse offre **une terre idéale pour la culture des fleurs.** Depuis longtemps, la rose, la fleur d'oranger et surtout le jasmin ont fait sa réputation. Au fil du temps, Grasse est devenue la capitale mondiale de la parfumerie.

PROVENCE-ALPES-CÔTE D'AZUR

VERY NICE*
*en anglais : très agréable, très joli

Avec sa **Promenade des Anglais,** la ville de Nice accepte volontiers un titre... en anglais ! Cette avenue, bordée de palmiers et longeant la mer sur 7 kilomètres, doit effectivement son nom à des aristocrates anglais. Dès le XIXe siècle, ils avaient fait de Nice leur lieu préféré de vacances d'hiver.

En se promenant dans le quartier du Vieux Nice avec ses rues vivantes et ses façades colorées, c'est plutôt en Italie que l'on se croit. D'ailleurs, durant plusieurs siècles, Nice fut sous influence italienne.

Le cours Saleya dans le Vieux Nice, accueille un très ancien et splendide marché aux fleurs. Pour découvrir le nom de certaines espèces, retrouve et raye les mots de la phrase en rouge dans les lignes bleues en dessous.

JEU

PROVENCE-ALPES-CÔTE D'AZUR

MARSEILLE

Escale dans la ville la plus ancienne de France : Marseille.
Elle a été fondée il y a 2 600 ans par des marins grecs originaires de Phocée.
C'est pourquoi on la surnomme parfois la Cité phocéenne.

Si tu viens à Marseille, tu passeras forcément par le Vieux-Port.
Autrefois port de pêche et de commerce,
c'est un lieu phare aujourd'hui.

En levant un peu la tête, tu admireras, en haut d'une colline, la basilique **Notre-Dame-de-la-Garde**. Elle est surmontée de la "Bonne mère", une statue dorée de la Vierge qui veille sur les pêcheurs et les Marseillais depuis 1864.

la " Bonne mère "

JEU

Cette soupe à base de poissons est très populaire à Marseille. À l'origine, c'était un plat de pêcheurs. Connais-tu son nom ?

16

Du Vieux-Port, on embarque pour les merveilles de Marseille : les calanques. Mais avant, accostage au **château d'If**. En 1516, François Ier ordonna la construction de cette forteresse qui fut rapidement transformée en prison.
Le lieu est mondialement connu, car il apparaît dans un fameux roman d'Alexandre Dumas. Aujourd'hui, nous pouvons le visiter !

JEU

Découvre le titre de ce roman en suivant les indications.

C : au début du deuxième et du cinquième mot ;
D : au début du troisième mot ; **E** : à la fin des quatre premiers mots ; **I** : la dix-septième lettre ; **L** : la première lettre ;
M : au début du quatrième mot et derrière un O ; **N** : à la troisième place du quatrième mot ;
O : à la fin du titre et deux fois en deuxième place ; **R** : à la deuxième place du dernier mot ;
S : après le I ; **T** : dans les trois cases manquantes.

Bon alors, les calanques ?
Ce sont d'immenses falaises de roche calcaire qui plongent dans la Méditerranée. Elles s'étendent sur plus de 20 kilomètres entre Marseille et Cassis.

Leur histoire a commencé il y a plus de 200 millions d'années !
Au fil des siècles, les changements du niveau de la mer ont transformé et modelé ce paysage provençal.
Aujourd'hui, à pied ou à la nage, les criques des calanques offrent un sublime panorama.

PROVENCE-ALPES-CÔTE D'AZUR

CAP AU SUD !

Quelle jolie lumière ici ! Idéale pour nos photos. Je comprends mieux pourquoi de nombreux peintres se sont inspirés du Sud de la France. On le ressent notamment dans les tableaux de Paul Cézanne. Ce peintre impressionniste* est né à Aix-en-Provence en 1839. Il adorait peindre son modèle préféré : **la montagne Sainte-Victoire** qui domine Aix.

voir p. 52

La lumière du Sud attira beaucoup d'artistes de l'époque. Vincent Van Gogh, par exemple, séjourna à Arles en 1888. Il y réalisa une série de tableaux connue dans le monde entier : *Les Tournesols*.

*Vase avec quinze tournesols - Arles 1889
Musée Van Gogh - Amsterdam*

Plus tard, la région séduit aussi Henri Matisse. Il était le chef de file du fauvisme : il aimait peindre avec des couleurs vives et très originales. À l'époque, ses tableaux choquaient beaucoup ! En 1921, il s'installa à Nice afin d'y trouver une nouvelle inspiration. Pour en savoir plus, direction le **Musée Matisse**. Une jolie visite en perspective !

Auras-tu la même inspiration que Matisse pour colorier ce Chat aux poissons rouges ?

PROVENCE-ALPES-CÔTE D'AZUR

AVIGNON

Au moins deux bonnes raisons pourraient t'amener à Avignon. Son festival de théâtre tout d'abord. Sans doute le plus important au monde ! C'est un grand homme du théâtre qui l'a créé en 1947. Pendant trois semaines, en juillet, plus de 1 000 spectacles sont proposés. Bien sûr, il y en a pour tous les goûts.

Le nom de l'homme qui créa le festival d'Avignon en 1947 est caché dans les affiches des spectacles.

Le Palais des Papes

Avignon doit aussi sa renommée au **Palais des Papes**. En effet, entre 1309 et 1376, les papes, qui résident habituellement à Rome, se sont installés à Avignon. **Benoît XII** a lancé le chantier de ce splendide palais-forteresse, œuvre achevée par son successeur **Clément VI**, en moins de 20 ans. Un temps record pour l'époque !

19

PROVENCE-ALPES-CÔTE D'AZUR

LA CAMARGUE

Changement de décor !

Autour de la ville d'**Arles**, le Rhône se sépare en deux bras *(voir carte)*, le grand Rhône et le petit Rhône. **Ils dessinent ainsi un triangle que l'on appelle delta.** On est ici au cœur de la Camargue avec ses marais, ses roseaux, ses étangs et ses rizières. Un paysage humide, étonnant, qui est aussi le royaume des animaux.

JEU

Ici, on l'appelle la Raço di biou.
Relie les points pour découvrir une des vedettes de la région.

Colorie la forme en noir.

Capitale régionale : **TOULOUSE**

OCCITANIE

Derrière ce joli nom se cachent deux anciennes régions : Languedoc-Roussillon et Midi-Pyrénées. Treize départements forment l'Occitanie : record de France. Son appellation fait référence à l'occitan (ou langue d'oc), une langue autrefois parlée dans le Sud de la France. Bien entendu, cette vaste région a tout pour plaire : mer, montagne, villes et châteaux. Deux bonus : le soleil et le charmant accent du Sud.

Le pont du Gard

De Castelnaudary ou de Toulouse, le cassoulet c'est ici et nulle part ailleurs.

Place de la Comédie à Montpellier

Couleurs, saveurs… ici, les fruits et légumes sont gorgés de soleil. J'adore.

OCCITANIE

SUR LES TRACES DES ROMAINS

Escale dans le département du Gard.
Pas de doute, les **Romains sont passés par ici**. Surtout à Nîmes.
Arrivés au IIe siècle avant J.-C., ils couvrent la ville de somptueux édifices.
Explorons trois des plus fameux d'entre eux.

L'AMPHITHÉÂTRE

Il date du Ier siècle après J.-C. et c'est le mieux conservé de l'époque romaine. **Ce monument en forme de cercle accueillait des combats de gladiateurs ou d'animaux devant plus de 20 000 spectateurs.** Aujourd'hui, des concerts et même des compétitions sportives sont donnés dans les arènes.

LA MAISON CARRÉE

Elle n'est pas vraiment carrée, car elle mesure 26 mètres de long sur 15 de large. Mais, à l'époque de sa construction (Ier siècle après J.-C.), quand Nîmes s'appelait *Nemausus*, le mot rectangle n'existait pas. Toujours est-il que **ce temple, dédié au fils et au petit-fils de l'empereur Auguste,** est le seul du monde antique complètement conservé !

LE PONT DU GARD

Attention, chef-d'œuvre ! Ils étaient quand même forts ces Romains. Construit vers l'an 50 à quelques kilomètres de Nîmes, **le Pont du Gard était en fait un pont-aqueduc.** Cela signifie qu'il était destiné à conduire l'eau d'un lieu à un autre. Avec son canal aérien, ce pont permettait d'enjamber la rivière du Gard et d'alimenter toute la ville de Nîmes.

 Retrouve parmi les illustrations les 7 intrus qui ne sont pas du tout d'époque romaine !

OCCITANIE

ALBI LA ROUGE, TOULOUSE LA ROSE

La cathédrale Sainte-Cécile

Le Capitole

Quel point commun entre Toulouse et Albi ? La brique. Les deux villes sont en effet construites à partir de **ce matériau fait de terre argileuse**, qui leur donne de jolies couleurs.

Albi se distingue aussi par son immense cathédrale Sainte-Cécile (la plus grande cathédrale de brique au monde !). Et puis, avec ses beaux ponts qui enjambent le Tarn, Albi, c'est un peu l'Italie.

De Toulouse, on dit qu'elle est le berceau de l'espace et de l'aéronautique. Tu peux d'ailleurs y visiter la Cité de l'Espace. C'est à Toulouse que sont nés les fameux avions Airbus.

 Découvre le nom de cette spécialité feuilletée au praliné en partant de la brique rouge et en suivant le code :

OCCITANIE

MERCI POUR LE RACCOURCI !

Et merci Monsieur Riquet. Ce collecteur d'impôts va réussir l'impensable à partir de 1666 : **creuser un canal entre Toulouse et la Méditerranée. Le canal du Midi !** Car, depuis longtemps, on cherchait un moyen de relier l'Atlantique à la Méditerranée sans passer par le sud de l'Espagne. Un trajet long et périlleux sous la menace des pirates.

Pierre-Paul Riquet réalise donc cet exploit : créer **une voie navigable de 250 kilomètres** et en 14 ans seulement. Pour alimenter le canal, il a la géniale idée de construire une grande réserve d'eau alimentée par les sources d'une montagne.

350 ans plus tard, le canal du Midi est devenu synonyme de jolies vacances au fil de l'eau, en bateau ou à vélo.

JEU — *Qu'est-ce qui fait rire ce Toulousain ?*

A B E I L N O S T U

TOULOUSE-SETE EN BATEAU !? ELLE EST BONNE !

Le canal du Midi est classé au patrimoine mondial de l'Unesco.

OCCITANIE

Les PYRÉNÉES

La chaîne de montagnes des Pyrénées s'étire sur plus de 400 kilomètres entre l'Atlantique et la mer Méditerranée. Elle forme aussi une frontière naturelle entre la France et l'Espagne. Chez nous, le plus haut sommet, le **Vignemale**, s'élève à 3 298 mètres.

Ce qui caractérise les Pyrénées ? Ses lacs d'altitude, ses impressionnantes cascades et surtout ses grands cirques. Le plus célèbre s'appelle **le Cirque de Gavarnie**. Ne t'attends pas à y voir des clowns ou des acrobates, mais un amphithéâtre naturel. En fait, il faut imaginer un plateau (une vaste étendue de terrain plat) entouré, sur 14 kilomètres, d'une immense muraille de montagnes. Spectaculaire !

JEU

Sauras-tu reconnaître le nom de ces oiseaux des montagnes ?

- Mésange charbonnière *(14 cm)*
- Rougequeue noir *(14 cm)*
- Faucon crécerelle *(31 à 38 cm)*
- Milan royal *(60 à 66 cm)*

OCCITANIE

AU TEMPS DES CATHARES

Nous sommes au XIIe siècle. Dans le Sud de la France, autour d'**Albi**, de nombreux chrétiens s'opposent à l'autorité du pape. On les appelle les **cathares** ou les **Albigeois**. Ils pensent notamment que l'Église catholique de Rome (dirigée par le pape) ne respecte pas l'idéal de vie et de pauvreté du Christ. **On les perçoit alors comme de meilleurs chrétiens que les autres.**

◆

Évidemment, cela ne plaît pas du tout au pape. En 1208, il lance une grande croisade contre les cathares. Elle durera près de 20 ans. C'est un véritable massacre qui fera des milliers de victimes.

◆

Durant les croisades, ne sachant plus où aller, les cathares sont accueillis dans les châteaux des seigneurs de la région : les châteaux cathares. De vraies forteresses perchées en haut des falaises, parfois à plus de 800 mètres d'altitude.

 Peyrepertuse, Queribus, Aguilar *sont de célèbres châteaux cathares. Mais pourras-tu déchiffrer le nom de celui qui figure en haut de cette page ?*

puit

l'   or

anse

OCCITANIE

CARCASSONNE
2000 ANS D'HISTOIRE (OU PRESQUE)

Bienvenue dans la plus grande cité médiévale d'Europe. **4 millions de visiteurs y passent chaque année** pour vivre un sacré voyage dans le temps. Petit cours d'histoire (rapide, on te rassure).

Fin du IIIe siècle
Les Romains construisent un premier mur d'enceinte.

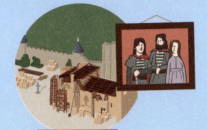

XIe-XIIe siècle
La **famille Trencavel** règne sur le vicomté de Carcassonne. Elle fait édifier le château et la cathédrale.

1209
Croisades contre les cathares. Carcassonne est assiégée. **Le vicomte Trencavel capitule**. La cité est rattachée au royaume de France.

XIIIe siècle
Le roi **Louis IX** veut rendre Carcassonne imprenable : il fait bâtir une 2e rangée de remparts.

XVIIIe siècle
Carcassonne est laissée à l'abandon, démolie et en ruines. Heureusement, en 1855, le célèbre **architecte Viollet-le-Duc** va organiser sa restauration. Un chantier colossal qui durera 50 ans. Voilà le travail.

Capitale régionale :
BORDEAUX

NOUVELLE-AQUITAINE

Elle est si grande qu'elle pourrait composer un petit pays. Tiens-toi bien : la Nouvelle-Aquitaine réunit trois territoires : l'Aquitaine (évidemment), le Poitou-Charentes et le Limousin. Gagné, c'est la plus vaste région de France. Alors, tout est un peu plus grand : les horizons, le littoral, les forêts, les îles, les dunes, les vignobles. En avant !

Dune et forêt à Mimizan

Bordeaux et la Garonne

Le Marais poitevin, près de Niort. Un mystérieux et splendide labyrinthe d'eau. Ici, on embarque à bord d'une plate, la barque traditionnelle, et on navigue dans les conches, le nom que l'on donne aux canaux.

Si, comme moi, tu adores le surf, tu vas être servi !

NOUVELLE-AQUITAINE

LE VIN A 20/20

Depuis longtemps, Bordeaux doit sa fortune à son port et surtout à son vin. **Car Bordeaux est aussi le nom du vignoble le plus réputé du monde.** Aux quatre coins de la ville s'étendent des milliers d'hectares de vignes. Elles donneront naissance à des vins répartis en 60 appellations. Certaines sont célébrissimes : Saint-Émilion, Margaux, Pomerol, Saint-Estèphe, Pauillac…

Depuis 2016, **un fabuleux musée a ouvert ses portes à Bordeaux : la Cité du Vin.** Conçu sur huit étages, ce lieu impressionnant dévoile tous les secrets du vin de façon passionnante. Même si, évidemment, tu n'en bois pas.

Quel est le chemin le plus court pour rejoindre le château ?

À Bordeaux, place de la Bourse, tu pourras marcher sur l'eau. Oui, c'est possible ! Ici se trouve le plus grand miroir d'eau au monde. Il mesure 3 450 mètres carrés. Et les Bordelais adorent s'y tremper les pieds quand il fait chaud !

À propos, Bordeaux est inscrite depuis 2007 sur la liste du Patrimoine mondial de l'Unesco.

NOUVELLE-AQUITAINE

LE CANELÉ

C'est le petit gâteau vedette à Bordeaux. Moelleux à l'intérieur, il est parfumé au rhum (un tout petit peu) et à la vanille, et recouvert d'une croûte caramélisée. Un dur au cœur tendre. Une légende raconte qu'il aurait été inventé au XVIe siècle par les religieuses du couvent de l'Annonciade (un bâtiment qui existe toujours aujourd'hui). Ce qui est certain, c'est que tout le monde en raffole !

Important !
Si tu veux déguster de succulents canelés, tu dois faire la pâte la veille, car elle doit reposer au moins 12 heures.

Les ingrédients
- 25cl de lait
- 1 gousse de vanille
- 125g de sucre en poudre
- 1 œuf
- 60g de farine
- 1 pincée de sel
- 25g de beurre
- 1 cuillerée à soupe de rhum

et des moules à canelés !

① Dans une casserole, porte à ébullition le lait et la vanille (surveille avec un adulte, car le lait déborde vite !). Laisse infuser 5 minutes.

② Dans un saladier, mélange le sucre et l'œuf, puis la farine et le sel, enfin le beurre fondu et le rhum.

③ Verse doucement le lait sur la pâte. Mélange bien. Et voilà ! Tu n'as plus qu'à mettre ton saladier au réfrigérateur jusqu'au lendemain.

④ Avant de remplir tes moules à canelés, fouette un peu la pâte, puis verse-la aux 2/3 de chaque moule.

⑤ Hop ! Au four environ 1 heure à 200°C/210°C. Tes canelés doivent être très caramélisés.

NOUVELLE-AQUITAINE

LE BASSIN D'ARCACHON

Nous voici au sommet de la dune du Pilat ! Pas de dromadaire à l'horizon, mais une vue imprenable sur le bassin d'Arcachon. C'est normal, il s'agit de la dune la plus haute d'Europe. Elle s'est formée il y a des siècles et **mesure 110,9 mètres de hauteur** !

Pour découvrir le bassin d'Arcachon, tu peux embarquer à bord d'une pinasse, un bateau traditionnel. Il t'emmènera à **l'île aux oiseaux avec ses cabanes tchanquées**. Quel drôle de mot ! Il vient de *chanca*, qui signifie "échasse" en gascon. Logique, car ce sont de petites maisons perchées sur des pilotis. À l'origine, elles ont été construites pour surveiller les parcs à huîtres.

JEU

Quel reflet est celui de cette cabane tchanquée ?

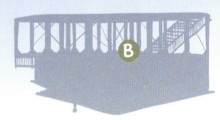

31

NOUVELLE-AQUITAINE

Le pays BASQUE

Direction le Pays basque ! Ce territoire représente seulement une partie du département des Pyrénées-Atlantiques mais **avec sa langue et ses traditions, il mérite bien qu'on le qualifie de "pays"**.

Allez, deux mots à retenir avant de partir :

Herria

En basque, il désigne à la fois le pays et le peuple.

Euskaldun
prononce "éousshaldoune"

C'est ainsi que le Basque se nomme lui-même. Cela veut dire "celui qui parle le basque".

Au Pays basque, tu pourras goûter **le piment rouge d'Espelette**, la spécialité de la commune du même nom. En septembre, on le met à sécher dehors et il décore joliment les maisons.

Ce piment n'est pas très fort. Il est utilisé à la place du poivre dans la cuisine basque. Il relève la piperade, l'*axoa* (un ragoût de veau), le poulet basquaise ou le foie gras.

 JEU — Trouve les 2 guirlandes de piment identiques.

NOUVELLE-AQUITAINE

DE BIARRITZ

Ouh là, ça souffle par ici ! Destination Biarritz, capitale européenne du surf. Les surfeurs adorent les vagues de la côte basque qui déferlent face à la ville. Quant à sa Grande Plage, c'est un véritable décor de carte postale. Idéal pour les baignades et se dorer au soleil.

JEU — *Combien de têtes de taureaux identiques à celle en noir comptes-tu parmi tous ces foulards ?*

À BAYONNE

L'été, le Pays basque est en fête. Du mercredi au premier dimanche d'août, il vibre au rythme des **Fêtes de Bayonne**.

Elles attirent chaque année des millions de visiteurs. Pendant cinq jours et cinq nuits, toute la ville se pare de rouge et de blanc. On met aussi un foulard autour du cou et une ceinture rouge, la *cinta*. Courses de vaches, chants, danses, *corso* lumineux (défilé de chars), *bandas* (fanfares), jeux pour enfants... C'est haut en couleur !

NOUVELLE-AQUITAINE

LE PÉRIGORD
VOYAGE EN PRÉHISTOIRE

En entrant dans la région du Périgord*, on remonte le temps. Sur des dizaines, voire des centaines de milliers d'années. Ici, se trouvent **les plus nombreux sites préhistoriques d'Europe**. Explications.

Dans cette région, le sol est constitué de pierre calcaire, une roche tendre et fragile. Il y a des millions d'années, la pluie a provoqué l'érosion (l'usure) de ce sol. De multiples trous y sont apparus. Un vrai gruyère. Au fil des millénaires, l'eau de pluie s'est infiltrée.

Naturellement se sont formés des grottes, des rivières souterraines et, lorsque la roche s'effondre, des gouffres.

Pour se mettre à l'abri des intempéries, **les hommes préhistoriques ont trouvé refuge dans ces grottes** où la température est agréable. Leur vie quotidienne était ici.

JEU *Remets cette scène dans l'ordre. Tu découvriras comment on a tracé des mains (en négatif et en positif) sur les parois rocheuses.*

* Le Périgord est un ancien comté qui forme aujourd'hui la majeure partie du département de la Dordogne.

Le Versailles de la préhistoire

Au cours du XXe siècle, souvent par hasard, on a découvert plusieurs de ces grottes.

La plus fabuleuse ? Celle de Lascaux à Montignac. Une grotte décorée par les hommes de Cro-Magnon il y a environ 20 000 ans ! Des chevaux, des cerfs, des taureaux ornent les parois. Des trésors de peinture rupestre par centaines.

Aujourd'hui, la grotte est fermée pour la préserver. Heureusement, tu peux visiter deux répliques (Lascaux II et Lascaux IV) plus vraies que nature.

JEU

Quel animal n'a pas pu être peint par un homme de Cro-Magnon ?

De canard ou d'oie, impossible de parler du Périgord sans évoquer le foie gras.

Avec ses multiples stalactites et stalagmites, le **GOUFFRE DE PROUMEYSSAC** est surnommé "la cathédrale de cristal". Ici, tu es à 50 mètres de profondeur.

NOUVELLE-AQUITAINE

LA BELLE ROCHELLE

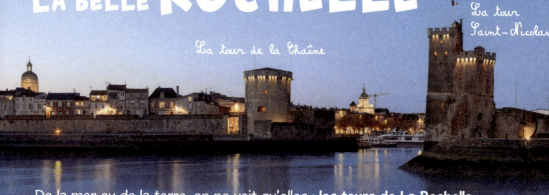

La tour de la Chaîne

La tour Saint-Nicolas

De la mer ou de la terre, on ne voit qu'elles : **les tours de La Rochelle**. Elles sont trois : **la tour Saint-Nicolas, la tour de la Chaîne** et **la tour de la Lanterne**. Et elles ne datent pas d'hier. Construites entre le XIIe et le XVe siècle, ces tours ont longtemps été les gardiennes du grand port qu'était La Rochelle. D'ici partaient du vin et du sel des marais pour les pays étrangers.

 JEU

Termine la phrase en suivant les flèches rouges. Attention ! Le sens de la flèche t'indique la case suivante.

Autrefois, pour contrôler les bateaux qui arrivaient à La Rochelle, il y avait...

 **L'ÉNIGME**

Dressé au large de La Rochelle, tel un vaisseau de pierre, je suis né en 1859.

Napoléon décida de me bâtir pour défendre le littoral et les îles de ma région.

J'ai aussi donné mon nom à un célèbre jeu télévisé que tu connais sûrement.

Qui suis-je ?

Quant à Fouras, c'est aussi le nom d'une petite station balnéaire située non loin de la

NOUVELLE-AQUITAINE

ÎLES ET ELLES

Elles sont deux, elles font la réputation de la Charente-Maritime et le bonheur des vacanciers : en selle pour **l'île de Ré** et **l'île d'Oléron**.

À BICYCLETTE

Sur l'île de Ré, le vélo est roi. Avec 100 kilomètres de pistes cyclables, il n'y a pas mieux pour parcourir les venelles des villages aux maisons blanches, les marais et les forêts de pins. En prolongeant ta balade jusqu'au bout de l'île, tu te retrouveras face à un monument historique : **le phare des Baleines**. Eh oui ! Il y a très longtemps, des baleines venaient s'échouer sur les côtes de l'île.

L'ÎLE "LUMINEUSE"

Si tu visites l'île d'Oléron, n'oublie pas tes lunettes de soleil. La plus grande île française de la côte Atlantique profite d'un ensoleillement exceptionnel (plus de 2 200 heures par an !), d'où son surnom.

Et si tu te rends au petit port ostréicole du Château-d'Oléron, tu verras que l'île peut être aussi très colorée.

 Déchiffre les messages, et découvre les spécialités de ces deux îles.
(code : B=A, C=B, etc.)

ET QU'EST-CE QU'ON MANGE ?

NB QPNNF EF UFSSF FODIBOUF MFT HPVSNBOET !

(ma pomme de terre primeur enchante les gourmands)

ET NFT IVJUSFT* TPOU JOPVCMJBCMFT

(Fu mes huîtres sont inoubliables)

*Les seules en France à bénéficier d'un Label rouge. Un vrai signe de qualité.

NOUVELLE-AQUITAINE

LE LIMOUSIN

Dans cette région très verte, la forêt occupe environ un tiers de la superficie totale. Mais le Limousin a bien d'autres secrets et particularités. Petit tour d'horizon.

LA STAR DE LIMOGES

Limoges, la capitale régionale du Limousin, peut être fière de son savoir-faire : **la porcelaine**. Une histoire qui remonte à 1770. Cette céramique dure et translucide est produite à partir du kaolin et par une cuisson à plus de 1 200 °C. Utilisée dans les arts de la table, la porcelaine permet de fabriquer de jolies assiettes, tasses ou théières.

OH LA VACHE !

C'est l'autre vedette de la région : **la vache limousine**. Cette race est réputée dans le monde entier pour sa viande fine, maigre et juteuse. Son look aussi fait la différence : une belle robe (son pelage) "froment vif" ou rousse, si tu préfères. Et quand elle passe sur la balance, notre limousine peut monter fièrement jusqu'à 900 kg.

UN IMMENSE SAVOIR-FAIRE

À Aubusson, dans le département de la Creuse, on tisse avec une grande dextérité de fabuleuses tapisseries depuis le XVe siècle. Pendant longtemps, ces tapisseries ornaient surtout les murs des châteaux. Aujourd'hui, la tapisserie d'Aubusson et ses collections se découvrent aussi à **la Cité internationale de la tapisserie**.

 JEU *Un détail n'appartient pas à cette tapisserie. Lequel ?*

 A   B   C   D

Capitale régionale : NANTES

PAYS DE LA LOIRE

Tout d'abord, il y a la Loire. Le plus long fleuve de France.
Elle traverse l'Anjou et la Loire-Atlantique. On la découvre en bateau ou à vélo.
Les villes ensuite. Elles sont pleines de charme :
Nantes, Le Mans, Angers et son impressionnant château.
La mer enfin. L'océan Atlantique borde 450 kilomètres de côtes.
Côte d'Amour, Côte de Jade, Côte de Lumière. Ça donne envie, non ?

La Loire.
On l'appelle le Fleuve royal ou le Fleuve sauvage.
Elle parcourt les Pays de la Loire sur 200 kilomètres.

Le vieux Mans

Le château des ducs d'Anjou à Angers

À fond les guidons !
Suivre la Loire à vélo est un vrai régal.

PAYS DE LA LOIRE

VOYAGE À NANTES

Sixième ville de France, traversée par la Loire, **Nantes est riche d'un grand passé** : de **Jules Verne** (né à Nantes) aux **biscuits LU** (longtemps produits ici) en passant par son ancien port. Ce passé, la ville aime bien le réinventer.

Le meilleur exemple ? **Les Machines de l'Île.** Ces immenses sculptures mécaniques peuplent l'île où l'on fabriquait autrefois des navires. À Nantes, il ne faut donc pas s'étonner de partir en promenade sur le dos d'un éléphant de bois et d'acier. Et de 12 mètres de haut !

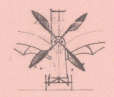 

 JEU — *Dans ses romans, Jules Verne a imaginé de fabuleuses machines. Inspire-toi de ces dessins pour créer à ton tour, une machine à voyager.*

Une visite à ne pas manquer : **LE CHÂTEAU DES DUCS DE BRETAGNE.**

Eh oui ! Historiquement, Nantes fait partie de la Bretagne.

PAYS DE LA LOIRE

CAP SUR L'ATLANTIQUE

L'immense océan Atlantique vient border les côtes de la Loire-Atlantique et de la Vendée. Sauvages, rocheuses ou sablonneuses, ces côtes font souvent penser aux vacances d'été.

C'est ici que se trouvent **les plus vastes plages de France** : à la Baule (la plus longue d'Europe !) et aux Sables-d'Olonne.

Qui dit océan, dit îles. Yeu et Noirmoutier sont deux petits paradis sur mer. Sur l'île d'Yeu, il ne faut pas manquer le Vieux Château. On dit qu'il aurait inspiré Hergé pour dessiner celui de son album de Tintin, *L'Île noire*.

LE TOUR DU MONDE COMMENCE ICI !

C'est aux Sables-d'Olonne que débute et s'achève le Vendée Globe : une incroyable course autour du monde en bateau à voile, en solitaire, sans escale et sans assistance.

 Pour connaître le record du Vendée Globe, additionne les chiffres des bateaux de la même couleur.

RECORD À BATTRE :

 JOURS HEURES MINUTES  SECONDES

PAYS DE LA LOIRE

UNE RÉGION QUI NE MANQUE PAS DE SEL

Dans les Pays de la Loire, on récolte le sel depuis des siècles. "L'or blanc", comme on aime bien l'appeler, est surtout très réputé en Vendée, sur l'île de Noirmoutier, et en Loire-Atlantique, à Guérande. D'ailleurs, Guérande vient du breton *Gwenrann* qui pourrait vouloir dire "pays blanc".

À propos, sais-tu que le sel est un produit naturel ? **Il s'obtient tout simplement par l'évaporation de l'eau de mer.** Sous l'action du soleil et du vent, l'eau de mer passe de l'état liquide à l'état gazeux. On récolte alors le sel qui reste.

À Guérande, la personne qui récolte le sel est appelée **paludier**. À Noirmoutier, on lui donne un autre nom.
Pour le connaître, reporte dans les cases la lettre correspondant au reflet de chaque tas de sel, du plus petit au plus grand.

Capitale régionale :
RENNES

BRETAGNE

Les Bretons ont raison : il y a plein de raisons de venir en Bretagne. Déjà, il y a la mer. Magnifique. Elle peut être transparente ou émeraude sur la côte du même nom. Bien sûr, pour s'initier au bateau à voile, on est à bon port.

Si tu viens en Bretagne, tu pourras aussi faire de drôles de rencontres : des corsaires à Saint-Malo ou des lutins dans la forêt de Brocéliande. Une petite faim ? Fruits de mer ou crêpes au menu. Quel programme !

La Côte de Granit rose

Saint-Malo, la cité des explorateurs et des corsaires

Une spirale de beurre... et de bonheur, le kouign-amann.

BRETAGNE

MER, MER, MER

La Manche au nord, l'Atlantique à l'ouest, **la Bretagne est entourée par la mer.** Du coup, on peut y découvrir une multitude d'animaux marins. Beaucoup d'oiseaux comme le goéland, le macareux moine, l'aigrette garzette et le fou de Bassan se plaisent dans cette région. **Au large de Perros-Guirec, il y a une réserve ornithologique formidable : l'archipel des Sept Îles.** Elle compte 181 espèces d'oiseaux ! En plus, le phoque gris adore leur compagnie. De quoi faire des rencontres étonnantes !

JEU

Lequel de ces 3 oiseaux va pêcher le plus de poissons. Trace une ligne verticale pour le savoir.

cormoran	fou de Bassan	macareux
8	12	28

BRETAGNE

Ici, les paysages sont grandioses. Surtout les côtes. Elles deviennent roses près de Trébeurden et sauvages autour de Quiberon ou de l'île d'Ouessant. En allant vers le sud, on découvre une perle : **le golfe du Morbihan ! Sans doute l'une des plus belles baies du monde.** *Morbihan* signifie "petite mer" en breton. Cette petite mer est en fait un golfe, c'est-à-dire une avancée de la mer dans les terres.

Et puis, évidemment, il y a les îles. Par dizaines. Des paradis sur mer. Aux Glénan, on se croirait presque dans l'océan Indien. À Ouessant et à Molène, ça sent le bout du monde. Quant à la plus grande et peut-être la plus belle, elle porte bien son nom : Belle-Île. Ne nous dis pas maintenant que tu n'as pas envie de venir en Bretagne !

JEU

Retrouve les noms de ces îles bretonnes dans la grille. Tu peux aller dans tous les sens. Les lettres restantes te donneront le nom de la plus à l'ouest d'entre elles.

BATZ
BELLE-ÎLE-EN-MER
BRÉHAT
CÉZEMBRE
GLÉNAN
GROIX
HOËDIC
HOUAT
SEIN
MOLÈNE

CRÊPE ou GALETTE ?

La crêpe est le symbole de la cuisine bretonne.
En fait, il en existe deux sortes. L'une est préparée à base de froment et se déguste sucrée, l'autre se cuisine avec du sarrasin (ou blé noir) et se mange salée. Mais doit-on l'appeler "crêpe" ou "galette" ? Cela dépend des ingrédients de la pâte, mais aussi de la géographie ! En Haute-Bretagne, on appelle "galette" ce qui est préparé à base de sarrasin et "crêpe" ce qui est à base de froment. En Basse-Bretagne, peu importe, on ne parle que de crêpes. On pourrait y perdre son breton. Dans tous les cas, c'est dans une **crêperie** que nous partons nous régaler !

JEU — *Combien pourra-t-on réaliser de galettes complètes avec les ingrédients restants ?*

1 œuf — 2 morceaux de fromage — et 1 tranche de jambon

BRETAGNE

LE MYSTÈRE
DES PIERRES LEVÉES

Le mot menhir vient du breton : *men* signifie "pierre" et *hir* veut dire "long". Un menhir est donc une longue pierre qui est plantée verticalement.

Carnac, halte obligatoire. Nous sommes dans la baie de Quiberon, à deux pas seulement du golfe du Morbihan. Cette terre est mondialement connue pour ses pierres : près de 3 000 menhirs sont alignés sur 4 kilomètres ! Le plus grand mesure 6 mètres de hauteur et pèse plusieurs tonnes. Et pourtant, Obélix et sa potion magique n'étaient pas là pour la porter.

Ces mégalithes auraient été installés entre 3 000 et 5 000 avant J.-C. Quant à leur rôle, mystère... Beaucoup d'hypothèses essaient d'expliquer ces alignements. Il pourrait s'agir de monuments religieux pour célébrer les morts ou d'un immense observatoire mesurant la position des astres. L'énigme reste entière.

JEU — Continue la suite logique parmi ces mégalithes, sans te déplacer en diagonale.

Qu'est-ce qu'on ne ferait pas pour amuser nos petits, hein...

47

Capitale régionale : ROUEN

NORMANDIE

Ah oui, la Normandie, ça nous dit. On y vient en premier lieu pour un prodige d'architecture : le Mont-Saint-Michel. Mais de la belle ville de Rouen qui vit les dernières heures de Jeanne d'Arc, aux plages du Débarquement, en passant par les gigantesques falaises d'Étretat, on explore plein de lieux. Une dernière touche ? Partir sur les pas des peintres impressionnistes.

Le port d'Honfleur

Les falaises d'Étretat

Sa cathédrale, ses maisons à colombages, son Gros-Horloge. Rouen est un enchantement. En plus, tu sauras tout sur Jeanne d'Arc.

C'est vrai que la lumière est magique ici !

NORMANDIE

MONT
ET MERVEILLES

Imagine un gigantesque rocher de granit entouré d'eau et de sables mouvants. À son sommet, une fière et magnifique abbaye construite à partir du XIe siècle. Bienvenue au **Mont-Saint-Michel**, l'un des monuments les plus visités de France. Et c'est bien mérité.

On y accède maintenant par un pont, mais attention, lors des grandes marées, quand la mer est haute, le Mont-Saint-Michel devient une île.

Dès 966, des moines s'y sont installés et, très vite, le lieu attire de nombreux pèlerins. On construit alors une grande église et des habitations pour les accueillir.

Et saint Michel, nous diras-tu ? Selon la légende, en 708, l'évêque Aubert bâtit ici une toute première église à la demande de l'archange Michel. Sa statue repose sur la flèche de l'abbaye *(photo)*.

JEU

Ce petit calcul te fera découvrir à quelle hauteur se situe la statue de l'archange Michel au-dessus de la baie.

tout là-haut !

156 ← +16 ← 140 ← ×2 ← 70 ← +6 ← 64 ← ×2 ← 32 ← ×4 ← 8

Le Mont-Saint-Michel est classé au Patrimoine mondial de l'Unesco.

NORMANDIE

ENTRE LA ET LE FROMAGE

Les vaches adorent les prairies de Normandie.
Pour elles, c'est un régal. Nourrie de ces herbages naturels, la vache normande (tu peux dire la "Normande" pour faire le connaisseur) devient bien généreuse : elle produit un lait de grande qualité, riche en protéines. Et avec ce lait, devine… On fait d'excellents fromages ! Quatre d'entre eux se retrouvent souvent sur nos tables :

JEU *Complète le nom de ces quatre fromages en t'aidant de leur forme.*

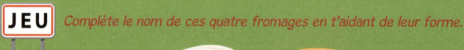

C̶A̶MEMBERT   L̶IVAROT
PO̶N̶T̶ L̶'̶EVEQUE   N̶EUFCH̶A̶T̶E̶L̶

E   N

Quant à la pomme, elle est reine dans la région. Il en existe plus de 400 variétés. Parmi celles-ci, tu peux retenir la **Bénédictin**. On dit que c'est une des plus délicieuses.

Et n'oublie pas que c'est à partir de jus de pomme fermenté que l'on obtient **le très réputé cidre normand.**

6 JUIN 1944 :
DÉBARQUEMENT EN NORMANDIE

prononce « di dè »

On l'appelle le *D Day* (le jour J). Le 6 juin 1944, à l'aube, 140 000 soldats alliés (américains 🇺🇸, canadiens 🇨🇦 et britanniques 🇬🇧) débarquent sur les côtes normandes. Leur mission ? Libérer la France occupée par l'Allemagne depuis 1940. **C'est la Seconde Guerre mondiale (1939-1945).**

Cette attaque a un nom de code : **l'opération *Overlord*.** Préparée dans le plus grand secret, elle va surprendre les Allemands qui s'attendaient à voir débarquer les Alliés dans le nord de la France, tout proche de l'Angleterre.

Le débarquement se déroule sur cinq plages normandes s'étendant sur 80 kilomètres de long. Il sera décisif. Après une dure bataille en Normandie faisant malheureusement des milliers de victimes, **la ville de Paris est libérée le 25 août 1944.**

© Le Mémorial de Caen/S. Colomyès

Aujourd'hui, à proximité des plages ou à Caen, au Mémorial, tu peux revivre cette opération légendaire à travers des films, du matériel de guerre, des parcours chronologiques…

* Sword   * Juno   * Gold   * Omaha   * Utah

* Les cinq plages du débarquement

NORMANDIE

Le paradis des impressionnistes

Dans la seconde moitié du XIXe siècle, un nouveau mouvement pictural se développe en France : **l'impressionnisme**.
Plutôt que de représenter la réalité très précisément, les impressionnistes préfèrent peindre leurs impressions.
Pour cela, ils s'expriment par petites touches de couleurs.
Ils aiment aussi travailler en plein air, devant un paysage.
Avec la présence de la mer et ses lumières changeantes, la Normandie est pour eux un véritable atelier à ciel ouvert. Les plus grands artistes posent alors leur chevalet dans la région : Renoir, Courbet, Pissarro et Eugène Boudin. Ce dernier influença le plus renommé d'entre eux : Claude Monet.

JEU — En 1883, Claude Monet s'installe à Giverny, un petit village de l'Eure. Il y peint jusqu'à sa mort en 1926. On visite aujourd'hui sa maison et son jardin d'eau où il réalisa une célèbre série de peintures.

Pour découvrir le nom de cette série, observe bien ce jardin, des lettres s'y cachent. Le code couleur t'indiquera leur emplacement.

LES NYMPHEAS

Musée d'art moderne André Malraux, Le Havre

Capitale régionale : ORLÉANS

CENTRE-VAL DE LOIRE

Ici, c'est la vie de château !

Qui dit Val de Loire, dit châteaux. On en compte plus d'une vingtaine à proximité de la Loire, le plus long fleuve de France (1 012 kilomètres). À Orléans, la capitale régionale, tu ne pourras pas passer à côté de Jeanne d'Arc. Normal, en 1429, c'est elle qui a libéré la ville occupée par les Anglais. Un événement décisif pour notre histoire. Et à Chartres, se dresse l'une de nos plus majestueuses cathédrales. Allons voir cela de plus près.

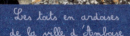

Les toits en ardoises de la ville d'Amboise

Une champignonnière troglodyte

Le château de Chenonceau

CENTRE-VAL DE LOIRE

Les châteaux de la LOIRE

1418. C'est la guerre de Cent Ans. Elle oppose la France à l'Angleterre. Cette année-là, les Anglais occupent Paris. Le futur roi Charles VII (il n'a que 14 ans) doit fuir la capitale. **Il se réfugie sur ses terres autour de la Loire, fleuve qui offre** une bonne protection contre l'ennemi.

La paix revient en 1453, mais **Charles VII se plaît bien par ici et décide de s'y installer. Tout comme ses successeurs.**
Jusqu'à l'avènement d'Henri IV, de nombreux rois grandissent ou gouvernent près de la Loire, faisant bâtir de somptueux châteaux notamment marqués par le style Renaissance. Les plus fameux ? **Amboise, Chambord, Chenonceau, Villandry ou encore Azay-le-Rideau.**

JEU *Trouve les 7 différences dans le reflet du château de Chambord.*

CENTRE-VAL DE LOIRE

La RENAISSANCE
(DE LA FIN DU XVᴱ AU DÉBUT DU XVIIᴱ SIÈCLE)

À cette époque, les rois mènent des guerres contre l'Italie. Et ils font là-bas une sacrée découverte : **l'art de la Renaissance.** Ce mouvement s'illustre dans la littérature, la peinture, l'architecture. Pour le roi François Iᵉʳ, c'est un vrai coup de cœur. Il fait même venir en France **l'un des plus grands artistes italiens : Léonard de Vinci** (*La Joconde*, ça te dit quelque chose ?).

Avec la Renaissance, **finis les tristes châteaux forts.** On s'inspire des palais italiens. La pierre est lumineuse, les murs sont ornés de moulures, on construit des galeries pour se promener, de larges fenêtres qui laissent passer la lumière, de superbes escaliers. **Quant aux jardins, ils sont aussi décoratifs qu'accueillants.** De vrais trésors !

Les jardins de Villandry

 Suis le code pour donner des couleurs à ce jardin de la Renaissance.

CENTRE-VAL DE LOIRE

DE L'ART ROMAN À L'ART GOTHIQUE

Petite leçon d'architecture avec la cathédrale de **Chartres**, un somptueux monument.

1154. Une première cathédrale est bâtie. **Elle est de style roman.** Cet art du Moyen Âge se caractérise notamment par la construction de voûtes arrondies. Malheureusement, un incendie la dévaste en 1194. **En conservant sa façade préservée, on la reconstruit dans le style gothique.** Avec ce style, les voûtes s'embellissent et la technique de construction permet d'élever des murs beaucoup plus hauts. On y ajoute aussi de grandes fenêtres et, comme à Chartres, de magnifiques rosaces.

La cathédrale se distingue par ses vitraux. Étincelants de couleurs, ils s'étalent sur 2 600 mètres carrés. 5 000 personnages y sont représentés.

Au sol, on découvre un labyrinthe de pierre. Un parcours de 261 mètres jusqu'au centre.

JEU

4 enfants parcourent le labyrinthe de la cathédrale.

***Camille** arrivera en premier. **Noa** croisera **Sacha**, qui marche dans le mauvais sens, puis **Élie**.*

Qui est qui ?

CENTRE-VAL DE LOIRE

TROGLODYTES : LA VIE SOUTERRAINE

Trogloquoi ? **Tro-glo-dyte !!** Définition : personne qui habite une grotte ou une demeure creusée dans la roche.

En te baladant sur les routes de Touraine (et d'Anjou), il y a fort à parier que tu découvres ces drôles de maisons. Ici, dès le Moyen Âge, les hommes perçaient les falaises pour extraire **le tuffeau**, cette pierre bien blanche destinée à bâtir châteaux et églises. La roche, ainsi creusée, a laissé des kilomètres de souterrains. Et, très vite, les hommes en ont profité pour y aménager leurs habitations. Une habitation assurément bien fraîche (entre 10 °C et 15 °C toute l'année).

Abandonnées à partir du XIXe siècle, ces demeures sont redevenues à la mode à partir des années 1980 et revivent sous forme de champignonnières, caves, gîtes et même hôtels de luxe !

JEU

Trouve les 7 erreurs.

Capitale régionale :
PARIS

ÎLE-DE-FRANCE

On l'adore, pour ses monuments, ses musées, ses spectacles, ses bistrots. On dit aussi qu'elle est la capitale de la mode, de la gastronomie et même la plus belle ville du monde. Ouah ! Ce qui est sûr, c'est qu'elle est la plus visitée. Paris, notre capitale, est au cœur de la région Île-de-France et ses 12 millions d'habitants. Meilleure performance de France. Décidément.

À Montmartre, on se sent un peu comme dans un village.

De la tour Eiffel à Montmartre

Les charmants passages couverts de Paris

Paris, c'est un sacré programme de visites. Mais on peut aussi faire de délicieuses pauses.

ÎLE-DE-FRANCE-PARIS

La TOUR EIFFEL

324 mètres de hauteur, 1 665 marches, 7 millions de visiteurs. Difficile d'imaginer Paris sans la tour Eiffel.

Voici sa petite histoire. En 1889, Paris organise une immense exposition qui convie les pays du monde entier. Chacun d'entre eux y présente ses réalisations ou ses inventions. Trois ans plus tôt, un grand concours a été lancé pour élire l'œuvre qui symbolise le mieux les progrès techniques en France.
Le projet choisi est celui de l'ingénieur Gustave Eiffel (et son équipe) : une immense tour de fer ancrée au sol par quatre pieds. Commence alors une construction de 2 ans, 2 mois et 5 jours.

L'escalier peut voir à 50 km !

Cet ascenseur paye le déjeuner.

Le dernier en haut est au pilier sud.

D'ici on est en panne.

JEU

Reconstitue les bulles correctement.

INCROYABLE MAIS VRAI

La Dame de fer, comme on l'appelle, devait être détruite après l'Exposition. Heureusement, elle était trop utile. Du fait de sa hauteur, on avait installé une station météo et des antennes radio à son sommet. Elle a donc survécu.

ÎLE-DE-FRANCE-PARIS

DU LOUVRE À L'ARC

C'est parti pour **une balade de 4 kilomètres et en ligne droite**. Attention, les monuments et les siècles vont se succéder ! Un véritable défilé.

3 Changement d'époque. Voici le plus vieux monument de Paris : **l'OBÉLISQUE DE LA CONCORDE**. Sauf qu'il n'a pas été construit ici, mais en Égypte, il y a plus de 3 000 ans. Et puis, au XIXe siècle, Champollion, un Français, découvre le secret des hiéroglyphes. En remerciement, l'Égypte offre cette immense colonne en forme d'aiguille à la France.

1 Tout commence au **LOUVRE**. Tu le sais peut-être, c'est le musée le plus visité au monde. Mais, le Louvre fut d'abord un château fort, puis une magnifique résidence pour les rois de France. Quand tu admires *La Joconde* ou *La Victoire de Samothrace*, les deux stars du musée, n'oublie pas que tu te trouves dans un palais !

2 En sortant du Louvre, on peut prendre **l'air au JARDIN DES TUILERIES**. Il tient son nom des fabriques de tuiles qui se trouvaient à l'endroit où la reine Catherine de Médicis a fait édifier le Palais des Tuileries en 1564. Ce palais, incendié en 1871, fut la demeure royale de nombreux souverains.

DE TRIOMPHE

4 De la place de la Concorde démarre "la plus belle avenue du monde" : les **CHAMPS-ÉLYSÉES**. Jusqu'au XVIIIe siècle, il y avait bien là de vrais champs. Maintenant, avec les multiples boutiques et cafés, pas de doute : nous sommes bien en ville. En remontant l'avenue, un monument à ne pas manquer sur ta droite : le palais de **l'Élysée** ou le palais du Président, si tu préfères.

5 Terminus. Un colosse de pierre de 50 mètres de hauteur s'élève. C'est Napoléon Ier qui décida de sa construction pour célébrer ses armées victorieuses. Hélas pour lui, il sera achevé en 1836, 15 ans après sa mort. Depuis 1920, l'**ARC DE TRIOMPHE** abrite la tombe du Soldat inconnu qui symbolise les millions de soldats français (les Poilus) morts au combat lors de la Première Guerre mondiale (1914–1918).

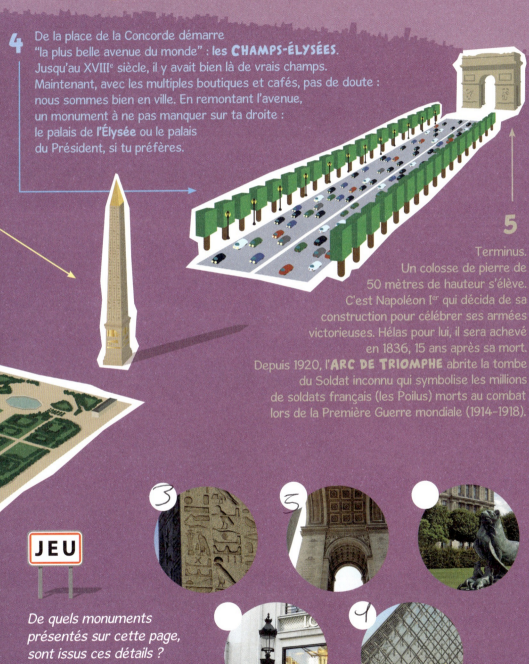

JEU

De quels monuments présentés sur cette page, sont issus ces détails ?

MON ALBUM DE PARIS

En avant la musique ! C'est Napoléon III qui fit construire ce splendide opéra en 1860.

Palais Garnier

Incroyable ! Un musée dans une ancienne gare. C'est le musée d'Orsay.

Notre-Dame de Paris

La verrière du Printemps

Ici, les magasins ressemblent parfois à des palais. J'adore !

Promenade le long de la Seine, un musée à ciel ouvert !

Des tuyaux colorés, des expositions d'art moderne et, en haut, une des plus belles vues sur Paris : le Centre Pompidou.

ÎLE-DE-FRANCE-PARIS

Le château de Versailles se trouve dans le département des Yvelines, à une vingtaine de kilomètres de Paris.

LE CHÂTEAU DE VERSAILLES

Nous sommes sous le règne de Louis XIV. En 1660, afin de s'éloigner de Paris et se sentir plus tranquille, il demande l'édification d'un château à Versailles. Le bâtiment devient alors sa résidence et celle de la Cour. Ses successeurs, Louis XV et Louis XVI, s'y installeront également.

Le château est l'un des plus grands et somptueux au monde : 67 000 mètres carrés, 2 000 pièces et un intérieur des plus luxueux.

Ce n'est pas tout : le palais s'entoure de jardins grandioses. **Leur création est confiée à André Le Nôtre, le roi des jardiniers de l'époque.** Il avait la main verte ! Les formes y sont très géométriques, c'est le modèle universel du "jardin à la française". Sur les pas de Louis XIV, une belle promenade s'annonce...

JEU

Complète la grille pour connaître le surnom de Louis XIV.

- Fauteuil royal ▶ TRONE
- Métal précieux ▶ OR
- En France on était roi de père en... ▶ FILS
- Capitale de la France ▶ PARIS
- Les gens entourant le Roi ▶ COUR
- Synonyme de château ▶ PALAIS
- Femme du roi ▶ REINE
- Fils du roi ▶ PRINCE
- Elle tourne autour de la Terre ▶ LUNE

Les gigantesques jardins, vus du château

Capitale régionale :
LILLE

HAUTS-DE-FRANCE

Son nom te donne un indice. Tu as trouvé ? Nous sommes en haut de la France, donc dans le Nord.

Les Hauts-de-France rassemblent **le Nord-Pas-de-Calais**, où la plupart des habitants vivent dans les villes, et **la Picardie**, très agricole. C'est par ici que les maisons en briques apparaissent. On allait oublier : les Hauts-de-France ont aussi leurs immenses plages de sable fin.

Le carnaval de Dunkerque

La cathédrale d'Amiens

Avec ses immenses étendues sablonneuses, la baie de Somme est un endroit très sauvage. Des milliers d'oiseaux migrateurs y ont trouvé refuge. La plus grande colonie de phoques veaux marins en a même fait son domicile.

Ici, on aime faire la fête et la chaleur est dans le cœur de tous les gens !

LILLE

Plus de 15 000 vendeurs, 2 millions de visiteurs et des tonnes d'affaires à faire : objets, antiquités, jeux, jouets, livres... **Chaque année, le premier week-end de septembre, la ville de Lille organise la plus grande braderie d'Europe.** En fait, un marché géant, un gigantesque vide-grenier. Et un événement dont l'origine remonte à 1127 ! Si tu as de l'argent de poche à dépenser, c'est le moment. Tu peux aussi en profiter pour déguster les fameuses "moules-frites". Une vraie tradition ici.

À ne pas manquer, la découverte du Vieux-Lille et ses façades sculptées et colorées. Le mélange de briques et de pierres est superbe.

JEU

Combien de personnes sont venues à la braderie avec au moins un sac ?

HAUTS-DE-FRANCE

C'ÉTAIT LE CHARBON

La dernière mine de charbon a fermé en 1990. Mais, pendant longtemps, dans le Nord-Pas-de-Calais, **des milliers d'hommes et leur famille ont vécu de l'extraction de cette roche noire permettant de se chauffer, produire de l'électricité ou de l'acier.** Pour l'obtenir, ces hommes, que l'on appelait des mineurs ou des "gueules noires" (car le charbon salissait leur visage), devaient descendre très loin sous terre, parfois à 1 000 mètres de profondeur. Équipés de casques et de lampes, ils travaillaient dans des conditions très pénibles, parfois au risque de leur vie.

Un terril est une colline artificielle constituée des résidus miniers.

ENCORE BONNE MINE

Dans le Nord, on tient à se souvenir de cette période. À Lewarde, **le Centre historique minier** te plonge dans l'univers de la mine. Passionnant.

Quant à **la Cité des Électriciens** à Bruay-La-Buissière, la plus ancienne cité minière, elle vit une nouvelle jeunesse.

*Dans le Nord de la France, pour loger les nombreux ouvriers travaillant dans les mines, un habitat particulier est apparu au XIXe siècle. Facilement reconnaissable, **il est composé de longues rangées de maisons mitoyennes identiques**, allant parfois jusqu'à 80 !*

MOCÈTORARILOUIN

Pour connaître le nom de cet habitat, raye 2 lettres sur 3.

JEU

HAUTS-DE-FRANCE

UN CARNAVAL DE FOLIE !

Nous voici arrivés à **Dunkerque**. La ville a vu naître **Jean Bart**, un célèbre corsaire. Plus fameux encore, son carnaval. Le plus fou de notre pays. Nous, ça nous fait rire. **Devine pourquoi ?**

1 LE DÉGUISEMENT

Tout le monde se déguise en n'importe quoi. Tout est permis. Souvent, les hommes s'habillent en…

LAPIN   FEMME   CORSAIRE

2 LA BANDE

C'est le défilé. **Il se fait au rythme de la musique.** Quand les fifres jouent, on se déplace…

SUR LES MAINS   DOUCEMENT   À RECULONS

3 LE LANCER DE…

En fin d'après-midi, 40 000 personnes sont rassemblées sous le balcon de l'Hôtel de Ville. En hommage aux pêcheurs, le maire et ses équipes lancent sur la foule des…

PINGOUINS   BOTTES   HARENGS

Les gens adorent !

Quand on passe aux trompettes, c'est le chahut qui commence. Les *carnavaleux*, comme on les appelle ici, se poussent de bon cœur. Parfois, ça bouscule sévère !

4 LE RIGODON

C'est le final. La foule se réunit en musique autour de la statue de Jean Bart. Les *carnavaleux* chantent, dansent, se poussent, s'embrassent. Le bal durera :

2 HEURES   TOUTE LA NUIT   1 SEMAINE

À PROPOS

Sais-tu que l'origine du carnaval remonte au XVIIIe siècle, quand les pêcheurs de Dunkerque dépensaient l'avance de leur salaire et faisaient la fête avant d'embarquer pour 6 mois vers l'Islande.

HAUT-DE-FRANCE

LES BEFFROIS
LES TOURS DU PEUPLE

Si tu distingues leurs jolies silhouettes dans le paysage, cela veut dire que tu es arrivé dans le Nord de la France.

Construits à partir du Moyen Âge, les beffrois étaient en fait des tours communales. **Leur fonction : montrer la puissance et l'indépendance d'une ville. Ils symbolisaient le pouvoir du peuple face à celui de l'Église ou celui des seigneurs avec leurs donjons.** Les beffrois servaient également de clochers et de tours de guet. Au fil du temps, ils sont devenus des lieux de fête et de rassemblement. Maintenant, on les visite.

Dans les Hauts-de-France, 23 beffrois sont classés au Patrimoine mondial de l'Unesco. Parmi eux : Armentières, Arras, Calais, Dunkerque... Quant à celui de Lille, du haut de ses 104 mètres, il est le plus haut de toute l'Europe du Nord.

JEU

Mesure la hauteur des 3 beffrois.

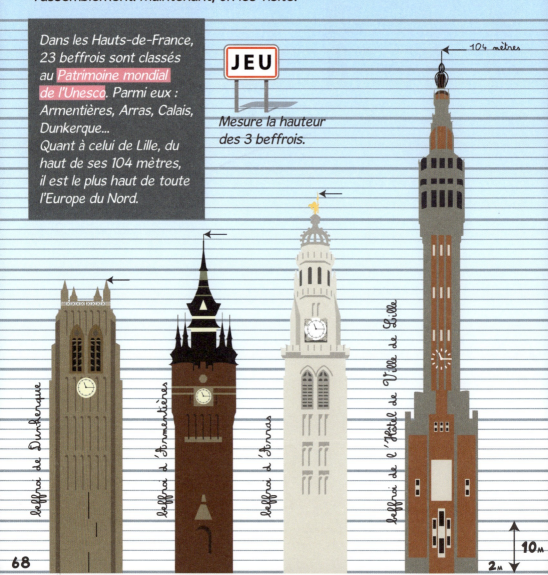

Capitale régionale :
STRASBOURG

GRAND EST

Alsace, Champagne-Ardenne, Lorraine. Ces trois anciennes régions n'en font plus qu'une : le Grand Est. Elle a, entre autres, une originalité : elle est limitrophe de quatre pays : l'**Allemagne**, la **Belgique**, le **Luxembourg** et la **Suisse**. N'oublions pas que Strasbourg, la capitale régionale, abrite le Parlement de l'Union européenne. Dans le Grand Est, les terres agricoles et les forêts sont très importantes. Ici, le bois, c'est quelque chose.

La forêt vosgienne

En passant par la Lorraine : escale à Nancy.

L'été, la vedette, c'est la mirabelle. Elle a même sa fête à Metz.

GRAND EST

* BIENVENUE EN ALSACE !

WÌLLKOMME ÌM ELSÀSS !*

Nous entrons dans une région bien particulière. Il faut en effet savoir que **l'Alsace a été allemande à partir de 1871,** puis à nouveau **française à la fin de la Première Guerre mondiale**. En 1940, on remet ça. L'Alsace est annexée à son voisin avant de redevenir **définitivement française en 1945**. Évidemment, à force de changer de nationalité, l'Alsacien s'est attaché à sa propre langue, un dialecte assez proche de l'allemand. Et, comme en Allemagne, ici, on aime bien la charcuterie et le bon pain. Difficile également d'échapper à la fameuse choucroute et à la *flammeküeche* (tarte flambée recouverte de lardons et de crème fraîche). Tant mieux !

Aujourd'hui, **l'Alsace est européenne** : le siège du Parlement européen se trouve à Strasbourg.

JEU

Trouve l'origine du mot choucroute. Ce mot veut dire chou acide en alsacien.

- 3 fois dans **saucisse**
- À la fin de **chou**
- Pas dans **cuit** mais dans **cru**
- Fin de **goût**
- Dans **cru**, pas dans **cuit**
- 2 fois dans **knack**
- Comme la 2ᵉ lettre

S Ü R K R U T

saucisse de Strasbourg, ou "knack" (à cause du bruit qu'elle fait quand on la croque)

lard fumé

saucisse de Montbéliard

pomme de terre

chou fermenté

saucisson à l'ail

GRAND EST

ON SE SENT VRAIMENT BIEN EN ALSACE...

Et parfois hors du temps. Dans les villes et villages, à **Strasbourg, Colmar ou Kaysersberg, les maisons à colombages** te transportent au Moyen Âge. Ces demeures, superbes, étaient construites avec des poutres en bois et des matériaux légers comme le plâtre.

En fin d'année, les places des villes alsaciennes se transforment en **féériques marchés de Noël**.

Et puis, qui dit Alsace, dit **cigognes**. Depuis très longtemps, à l'approche du printemps, elles adorent faire leur nid sur les cheminées des maisons alsaciennes.

Le *Christkindelsmärik* devant la cathédrale de Strasbourg. **Ce marché a été fondé en 1570 !**

Sauras-tu déduire le prix de chacune de ces gourmandises du marché de Noël ?

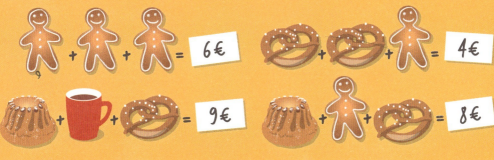

Mannele	Bretzel	Kouglof	Chocolat chaud
2€	1€	5€	3€

GRAND EST

SACRÉE REIMS

Elle a fière allure la cathédrale de Reims. Construite à partir de 1211, **Notre-Dame** (c'est son nom) reste un chef-d'œuvre de l'architecture gothique *(voir p. 56)*. On dit notamment que sa façade est d'une beauté exceptionnelle.

C'est aussi la cathédrale des rois de France : 25 d'entre eux, de Louis VIII à Charles X, ont été couronnés dans cet édifice. Les souverains se faisaient sacrer ici en mémoire de **Clovis**, considéré comme le **premier roi de France**. Il fut baptisé à Reims en 498.

La cathédrale de Reims est inscrite au Patrimoine mondial de l'Unesco.

Découvre ce vitrail de la cathédrale Notre-Dame de Reims en suivant le code chiffre/couleur.

CHAMPAGNE !

Le champagne est un vin pétillant connu dans le monde entier. Il fait la réputation et la fierté de la France. On le produit en... Champagne, une région historique située non loin de Reims.

Capitale régionale :
DIJON

BOURGOGNE-FRANCHE-COMTÉ

Quand elles se sont réunies, la Bourgogne et la Franche-Comté ont fait simple et efficace pour leur nouveau nom : Bourgogne-Franche-Comté.
Point commun : la forêt. Elle couvre presque la moitié de la Franche-Comté et domine les quatre départements bourguignons.
Avant de la visiter, n'oublions pas que cette région est aussi la terre des grands vins. On boit du bourgogne aux quatre coins du monde.

Vignoble de Bourgogne

L'abbaye de Cluny

La star gastronomique : l'escargot de Bourgogne

BOURGOGNE-FRANCHE-COMTÉ

VOYAGE AU MOYEN ÂGE

Il fut une époque, au Moyen Âge, où la Bourgogne était un duché. Les grands ducs de Bourgogne rivalisaient même avec les rois de France. À Dijon, tu peux encore découvrir leur palais.

La Bourgogne était aussi la terre des moines. De grandes abbayes y ont été édifiées : **Vézelay*** (IXe siècle), **Cluny** (Xe) ou **Citeaux** (XIe).

* Vézelay, avec sa basilique, est classée au Patrimoine mondial de l'Unesco.

LES HOSPICES DE BEAUNE (photo)

Cet ancien hôpital aux allures de palais, avec ses toits aux tuiles multicolores, avait été créé en 1443 pour soigner les pauvres et les plus démunis.

Aujourd'hui, chaque année, de grands vins de Bourgogne sont vendus aux enchères par les Hospices au profit d'hôpitaux et d'associations.

Si ce lieu te rappelle quelque chose, c'est normal. Louis de Funès y apparaît dans La Grande Vadrouille.

Continue le motif du toit des Hospices de Beaune.

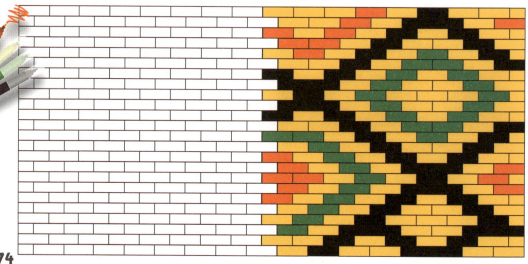

BOURGOGNE-FRANCHE-COMTÉ

LA FRANCHE-COMTÉ

Le bleu des étangs et des lacs (80 !), le vert des forêts, le blanc de la neige des montagnes. Franchement, ce serait dommage de passer à côté de la Franche-Comté.

Ici, la forêt couvre presque la moitié de la région. De belles randonnées en perspective. L'hiver, la neige recouvre les montagnes du Jura. Place au ski de fond ou au ski alpin.

Depuis longtemps, la Franche-Comté est également renommée pour la fabrication de pipes et de lunettes. Elles ont même leur musée. Amusant !

Le lion règne en Franche-Comté. On le retrouve sur le blason de la région, sur les voitures Peugeot (fabriquées dans le Doubs) et **dans la ville de Belfort**. Sculpté par **Bartholdi** (le monsieur de la statue de la Liberté), ce colosse de grès rose de 22 mètres de large veille sur la cité depuis 1880.

ZKF'CAVEYZ KYPAS VYJU UKYN PEFUW GYRAFND MYJ'SKIEURY YBAWRTYCHOLDKF ?

JEU

Découvre le dialogue en rayant les lettres CFJKYW.

tututu...

Capitale régionale : AJACCIO

CORSE

Destination paradis. En Corse, tu seras obligatoirement ébloui. Et pas seulement par le soleil. Du nord au sud de cette île, tout est beau. Et si tu aimes la géographie, tu vas être servi : montagnes, golfes, criques, canyons, plages, forêts sont au rendez-vous. Sans parler de la mer et des villages pittoresques. La Corse est comme un continent miniature. Elle mérite bien son surnom : l'île de Beauté.

L'eau transparente.

Le cap Corse

Corte, au centre de l'île

C'est le moment ou jamais de se mettre à la plongée !

UNE ÎLE
DE TOUTE BEAUTÉ

Plus de 1 000 kilomètres de côtes !
83 km
183 km
BASTIA
AJACCIO

Deux départements :
la Haute-Corse préfecture Bastia
la Corse-du-Sud préfecture Ajaccio

Population : 322 000 habitants

Mer : la Méditerranée

CÔTÉ MER

Des plages paradisiaques, des criques sublimes, une mer transparente. Évidemment, on irait bien tous les ans en vacances en Corse. C'est un peu le paradis. Et on ne parle pas de l'ensoleillement. Il bat tous les records de France.

Ce que l'on a adoré par-dessus tout : **Bonifacio**. C'est une ville perchée sur d'immenses falaises. D'ici, on peut partir en excursion vers les calanques *(voir p. 17)* et les grottes marines.

JEU

A C E I J L M N O P R S T U V

CORSE

CÔTÉ TERRE

Le col San Petru

JEU

Quel chemin mène à la plage ?

A B C D

La Corse est un peu comme une grosse montagne dans la mer. Son point le plus haut, le **Monte Cinto**, culmine à 2 706 mètres et se trouve à seulement 25 kilomètres de la Méditerranée.

Pour découvrir des paysages à couper le souffle, il existe un sentier de *grande randonnée* légendaire : le **GR 20**. Il serpente les montagnes du nord-ouest au sud-est de l'île sur 180 kilomètres. L'occasion de traverser le fameux maquis corse ou de se retrouver nez à nez avec une des célébrités locales : **le cochon sauvage.**

MIAM-MIAM

Deux spécialités à ne pas manquer en Corse :
LE BROCCIU *prononcé "broutchiou"* : un fromage blanc, frais, fabriqué à partir de petit-lait de brebis.
LA COPPA : une charcuterie succulente !

PLAGE

78

Petit Lexique

Alexandre Dumas par Dévéria

Un parc ostréicole dans le bassin d'Arcachon

Aéronautique : La science de la navigation aérienne, de la technique des avions et des engins aériens.

Alexandre Dumas (1802-1870) : Un des plus grands écrivains français du XIXe siècle. On lui doit des pièces de théâtre et de nombreux romans, dont *Les Trois Mousquetaires*.

Alliés : Les pays qui s'opposèrent à l'Allemagne nazie, à l'Italie et au Japon pendant la Seconde Guerre mondiale. Parmi ces pays : les États-Unis, l'Union soviétique et le Royaume-Uni.

Appellation : Désignation d'un produit par le nom de sa provenance, son lieu de fabrication.

Archange : Ange d'un rang supérieur.

Argileux : De la nature de l'argile, une roche terreuse.

Aristocrate : Membre de l'aristocratie, c'est-à-dire la classe des nobles, l'élite.

Couvent : Le bâtiment où vivent les moines ou les religieuses. On dit aussi monastère.

Croisades : Au Moyen Âge, des expéditions militaires organisées par les chrétiens d'Europe pour délivrer les lieux saints (comme Jérusalem) alors aux mains des musulmans.

Dialecte : Une forme particulière d'une langue, propre à une certaine région.

Enchères : Une vente aux enchères est une vente au plus offrant. Celui qui offre le plus d'argent obtient ce qui est mis en vente.

Fauvisme : Style de peinture du début du XXe siècle qui se caractérise notamment par l'utilisation de couleurs **éclatantes :** Qui contrastent les unes par rapport aux autres.

Fermentation : Transformation du sucre, en l'absence d'oxygène et sous l'action de microbes, en alcool.

Fifre : Une petite flûte en bois.

Flèche : Couverture, en pyramide ou en cône, d'un clocher, d'une tour.

Gascon : Personne ou langue de la Gascogne, une ancienne région du Sud-Ouest de la France.

Grès : De la terre glaise mélangée avec du sable fin.

Hiéroglyphes : Écriture utilisée par les Égyptiens au temps des pharaons.

Kaolin : Une roche argileuse (voir *argileux* ci-contre) blanche et friable.

Lave : La roche fondue produite par un volcan en éruption.

Limitrophe : Un pays limitrophe est un pays voisin, qui a des frontières communes.

Maquis : Un paysage touffu de petits arbres et arbustes.

Mégalithe : Un très grand monument de pierre comme le dolmen ou le menhir.

Ostréiculture : La culture des huîtres.

Patrimoine mondial de l'Unesco : Pour faire connaître et préserver les sites culturels et naturels d'une très grande importance, l'Unesco (Organisation des Nations unies pour l'éducation, les sciences et la culture) a établi une liste qui compte aujourd'hui plus de 1 000 lieux dans le monde. En France, par exemple, le Mont-Saint-Michel et le château de Versailles sont inscrits sur cette liste.

Pèlerin : Un croyant qui fait un voyage vers un lieu sacré de sa religion. Par exemple, La Mecque pour les musulmans ou Rome pour les chrétiens.

Pictural : Qui a rapport à la peinture quand elle est vue comme un art.

Pittoresque : Qui attire l'attention par sa beauté, son originalité.

Rupestre : Une peinture rupestre est réalisée sur une paroi, sur un mur.

Translucide : Qui laisse passer la lumière mais n'est pas transparent.

Un photophore translucide

Venelle : Une petite rue étroite.

Vicomté : La terre, le territoire d'un vicomte. Le titre de vicomte se situe au-dessous du comte.

RÉPONSES

Page 9 :
Fromage de tête
Grattons
Tablier de sapeur
Jésus de Lyon

Page 11 :

Page 12 : Sommet du mont Blanc 4810 m

Page 15 : anémones, roses, fuchsias, garances, impatiens, géraniums, pivoines, dahlias

Page 14 : ACCENT

Page 16 : Bouillabaisse

Page 17 : Le Comte de Monte-Cristo

Page 19 : Jean Vilar

Page 23 : LA BRIQUE DU CAPITOLE

Page 26 : Puilaurens l'
(puits-l'-or-anse)

Page 22 :

Page 24 : TOULOUSE-SETE EN BATEAU !? ELLE EST BONNE !

Page 25 : Faucon crécerelle, Mésange charbonnière, Rougequeue noir, Milan royal

Page 29 :

Page 31 : C'est le reflet **B** qui est correct.

Page 32 : La **E** et la **G** sont identiques.

Page 33 : Il y en a 7.

Page 34 :

Page 35 : Cro-Magnon n'a jamais croisé les dinosaures !

Page 36 : Autrefois, pour contrôler les bateaux qui arrivaient à La Rochelle il y avait... **UNE LONGUE CHAÎNE ENTRE LES DEUX TOURS**

Page 37 : MA POMME DE TERRE PRIMEUR ENCHANTE LES GOURMANDS ! ET MES HUÎTRES, SONT INOUBLIABLES !

Page 36 (enigme) : Fort-Boyard

Page 38 : Le détail **C** qui n'est pas dans la tapisserie.

Page 41 : Le record (2017) est de **74** jours, **3** heures **35** minutes et **46** secondes.

Page 42 : SAUNIER

Page 44 : cormoran : 8
fou de Bassan : 12
macareux : 8

Page 45 :
OUESSANT

Page 46 :
On peut en réaliser encore **8**.

Page 47 :
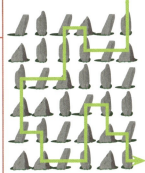

Page 49 :
8 x 4 = 32
32 x 2 = 64
64 + 6 = 70
70 x 2 = 140
140 + 16 = **156 m**

Page 52 :
Les Nymphéas

Page 50 :
CAMEMBERT LIVAROT

PONT-L'ÉVÊQUE NEUFCHÂTEL

Page 54 :

Page 56 :
 SACHA
 NOA
 ÉLIE
 CAMILLE

Page 57 :

Page 61 :

Page 59 :
D'ici on peut voir à 50 km !
L'escalier est au pilier sud.
Le dernier en haut paye le déjeuner.
Cet ascenseur est en panne.

Page 65 :
Il y a **15 personnes** qui ont un sac.

Page 66 :
C'était le **CORON**.

Page 63 :
Le Roi-Soleil

```
      T R O N E
        O   R
      F I L S
P A R I S
      C O U R
   P A L A I S
      R E I N E
   P R I N C E
        L U N E
```

Page 67 :
1 - femme ; 2 - doucement ;
3 - harengs ; 4 - toute la nuit

Page 68 :
- Beffroi de Dunkerque : 58 m
- Beffroi d'Armentières : 67 m
- Beffroi d'Arras : 75 m

Page 70 : SÜRKRÜT

Page 71 :

Mannele 2€ Bretzel 1€ Kouglof 5€ Chocolat chaud 3€

Page 75 :
Z'avez pas vu un peu grand m'sieur Bartholdi !

Page 77 :
- C'est très joli par ici.
- Merci ! Vous n'êtes pas mal non plus.

Page 78 :
Le chemin **C** mène à la plage.

Dans la même collection :

PARIS
PROVENCE
BRETAGNE
NANTES
ANGLETERRE
ITALIE
ESPAGNE
PORTUGAL

GRÈCE
MONDE ARABE
MAROC
TURQUIE
LONDRES
NEW YORK

PARIS FOR KIDS
(Version anglaise)

Du même auteur : LES GUIDES DE CONVERSATION DES ENFANTS

Pour les petits anglophones

Auteurs : Stéphanie et Hugues Bioret, Julie Godefroy
Illustratrices : Julie Godefroy et Stéphanie Bioret

Remerciements : Guy Bioret - Mémorial de Caen - Les Machines de l'Île, SPL Le Voyage à Nantes - Fondation Claude Monet, Giverny
Édith Josse - OLCA Strasbourg

© Éditions Bonhomme de Chemin, 2015/Copyright
Contact : tél. 06 13 54 19 80
bonhommedechemin@orange.fr
www.bonhommedechemin.fr

Conforme à la loi n°49956 du 16 juillet 1949
sur les publications destinées à la jeunesse

ISBN : 979-10-92714-23-4

Imprimerie Graphitilt (79) - Imprimé sur papier PEFC
Achevé d'imprimer en octobre 2017
Dépôt légal : octobre 2017

Malgré le soin apporté à la conception et au contenu de cet ouvrage, celui-ci est tributaire de changements et d'évolutions. N'hésitez pas à nous faire part de vos remarques. Les suggestions sont aussi les bienvenues.

Crédits photographiques : Hugues Bioret : p.5 Giverny, p.13 Colorado provençal, p.14 vande, p.20 Camargue, p.40 éléphant ; p.43 Saint-Malo et Kouign-Amann, p.48 Gros Horloge Rouen, p.58 galerie Vivienne, p.62 palais Garnier, le Printemps, bords de Seine, Musée d'Orsay - **Bernard Boué :** p.53 Chenonceau, p.55 jardins de Villandry, p.57 tuffeau, p.64 Cathédrale d'Amie... p.59 mirabelles - **Julie Godefroy** p.17 calanques, p.46 spanell- **Ghislaine Godefroy** : p.5 moutons, marmotte © Fotolia ; p.3 route en campagne ©Thierry Ryo ; p.7 Lyon ©evsh89 ; p.7 Annecy ©photloc p.8 Lyon, panorama ©SergiyN ; p.8 fontaine à Lyon ©Rostichep ; p.8 Lyon, Fête des Lumières ©laboo ; bouchons lyonnais ©Richard Villalon ; p.9 ardoise restaurant ©Brad Pict ; p.10 Chaînes des Puys ©caza... p.14 olives ©ExQuisine , p.16 soupe de poisson ©blende40 - p.19 Palais des Papes ©milosk50 ; p.21 le P du Gard ©Marine26 ; p.21 cassoulet ©Sollub ; p.21 Montpellier ©Cyril Ruchet ; p.23 Toulouse ©alfonso... ; p.23 Albi ©dvoevnore ; p.24 Canal du Midi ©Florence Piot ; p.25 Cirque de Gavarnie ©sastrea ; p... marais poitevin ©LLPhotography ; p.28 Bordeaux ©hcast ; p.29 Place de la Bourse, Bordeaux ©Géra... Defay ; p.30 canelés ©Karl Bolf ; p.32 Pourville sur mer ©charlau ; p.33 surf ©nacalao ; p.35 foie g... ©ALF photo ; p.36 La Rochelle ©zzzz17 ; p.37 Ile de Ré ©tunach17 ; p.38 tasses et assiettes ©M... Zemgaliete ; p.38 le Limousin ©dariya ; p.39 la Lire à Ancenis ©Matteo Ceruti ; p40 aérostat ©Erica G lane-Nachez ; p45 Ouessant ©moonbo ; p49 le Mont Saint-Michel ©4Max ; p.50 vache couchée ©Philip Simier ; p.54 château de Chambord ©Tomsickova ; p.54 Cathédrale de Chartres ©Francesca Lomba... ; p.58 Montmartre, Paris ©rh2010 ; p.60 Louvre ©medesulda ; p.62 Paris centre Pompidou ©PIL ; p... jardin, château de Versailles ©ThomasLENNE ; p.64 Baie de Somme ©Yolanda ; p.65 Lille ©SergiyN ; p... le charbon ©Patrick J. ; p.67 carnaval de Dunkerque ©jccuvelier ; p.69 Nancy, place Stranislas ©ptipt... p.70 choucroute ©M.studio ; p.71 Strasbourg ©Alexi Tauzin ; p.72 Cathédrale de Reims ©albillottet ; p... Abbaye de Cluny ©PackShot ; p.73 Escargot ©Andrey Armyagov ; p.75 Doubs ©Frank Monnot ; p... Hospices de Beaune ©Jean-Jacques Cordier ; p.76 Corte ©Jérôme Bono ; p.77 Bonifacio ©Gamut ; p... Col San Petru, Corse ©Frog974

© **Wikipédia** : de Gaulle-OWI-d.p. p.6 ; puilaurens-CC BY-SA 3.0 p.26 ; Carcassonne par Chensiyu... travail personnel, CC BY-SA 4.0 p.27 ; aigrette par Bernard Dupont, CC BY-SA 2.0 p.31 ; par TwoWin... travail personnel, d.p. p.35 ; Les licornes : Collection de 10 tapisseries d'Aubusson, verdures aux feuil de choux : « le bestiaire fantastique » par Anglards-de-Salers p.38 ; Jules Verne, d.p. p.40 ; Statue Saint-Michel sur la flèche de l'abbatiale du Mont-Saint-Michel par Thomas Dousseau, p.49 ; Loos-e Gohelle par Jérémy-Günther-Heinz Jähnick, d.p. p.66 ; forêt vosgienne par Benjamin from Courbevo... France, CC BY 2.0 p.69 ; lion de Belfort par Thomas Bresson, Travail personnel, CC BY 3.0 p.75

d.p. = domaine put...